Anselm Grün

Willkommen auf der Erde

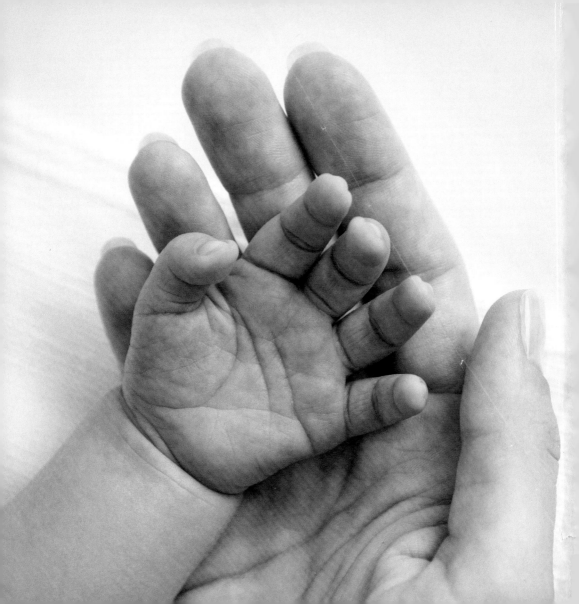

Anselm Grün

Willkommen auf der Erde

Vier-Türme-Verlag

Segen für den
Lebensweg

Guter Gott, segne dieses Kind.

Halte schützend deine Hand über es,

dass es seinen Weg unter deinem Segen geht.

Schütze es vor allem, was es vom richtigen Weg

abbringen möchte.

Segne es, damit es voll Vertrauen seinen Weg geht.

Segne es, damit es klar erkennt,

was sein Weg zum Leben und in die Wahrheit ist.

Segne es, dass es sich immer und überall

von deinem Segen umgeben weiß,

dass es sich als gesegnet empfindet –

als Mensch, der einmalig und wertvoll ist,

der selbst zum Segen wird für andere.

Willkommen,
kleines Wunder!

Herzlichen Glückwunsch zur Geburt eures Kindes!

Ihr habt einem Kind das Leben geschenkt.

Wenn ihr es betrachtet, wird euch das Geheimnis dieses neuen Lebens aufgehen. Da lebt ein Kind, in dem ganz viel von euch und euren Anlagen steckt. Aber dennoch ist es ein einmaliges Kind.

Ihr erkennt vielleicht einige Züge von euch selbst wieder in seinem Gesicht. Und ihr überlegt, wem das Kind wohl mehr gleicht, dem Vater oder der Mutter, welche Züge die vom Vater und welche von der Mutter sind.

Und dennoch ist es nicht nur ein Abbild von euch.

Es ist dieses einzigartige Kind, das auf seine ganz

persönliche Weise auf euch reagiert und eigene

Gefühle und Gedanken hat. Ihr könnt euch nicht

satt sehen an diesem Wunder, das euer Kind ist.

Vertrauensvoll
geborgen

Das Kind, das ihr in euren Armen haltet,

sucht bei euch Geborgenheit.

Und ihr freut euch, wenn ihr ihm Geborgenheit schenken

könnt. Es ist ein Wunder, dass da ein Mensch sich euch

ganz anvertraut, dass er sich in euren Armen einfach fallen

lässt, dass er einschläft in euren Armen und sich an euch

schmiegt.

Gebt eurem Kind das Gefühl, dass es willkommen ist auf der Erde, dass es in euren Armen ein tiefes Vertrauen lernen kann. Das Urvertrauen, das das Kind von euch geschenkt bekommt, soll es ein Leben lang begleiten und es befähigen, voll Vertrauen die neuen Schritte zu tun, die von ihm ständig gefordert werden.

Je mehr Vertrauen ihr ihm schenkt, desto vertrauensvoller wird es sich den Situationen stellen, in die es in seinem Leben kommen wird.

Einlassen und
nachspüren

Es ist schön, wenn das Kind in euren Armen friedlich einschläft. Ihr könnt beobachten, wie zufrieden es ist und dass es sich euch anvertraut.

Doch leider wird es nicht immer so friedlich sein. Manchmal wird es schreien. Oft werdet ihr es schnell beruhigen können. Ihr wisst: Das Kind hat Hunger. Es will gestillt werden. Oder es will in den Arm genommen und getragen

werden. Oder es will hin und her gewiegt werden.

Manchmal werdet ihr aber auch nicht wissen, was euer

Kind hat. All eure Versuche, es zu beruhigen, gelingen

nicht. Und ihr werdet unruhig und nervös. Umso wichtiger

ist es dann, sich auf das Kind einzulassen und sich hinein-

zuspüren, was es wohl jetzt braucht.

Ein Kind schreit nie grundlos. Das Schreien ist seine Weise, sich zu Wort zu melden. Ich wünsche euch, dass ihr dann immer die richtige Antwort findet auf das, was euer Kind von euch möchte.

Kinder fordern uns heraus,
Geduld und Hoffnung zu lernen.

Ganz
gegenwärtig

Euer Kind wird euren Rhythmus in den nächsten Wochen und auch in den nächsten Jahren bestimmen.

Ihr könnt eure Zeit nicht mehr einfach verplanen. Ihr müsst euch nach den Bedürfnissen des Kindes richten. Manche Kinder sind pflegeleicht, andere sind typische Schreikinder. Dann solltet ihr nicht gleich die Schuld bei euch selbst suchen. Ihr solltet euch einfach einlassen auf dieses Kind, das vielleicht bedürftiger ist als andere. Wertet nicht. Das Kind ist, wie es ist. Und es will ganz und gar angenommen werden.

Je mehr ihr euch auf euer Kind einlasst, desto besser werdet ihr es kennenlernen und desto besser werdet ihr euch aufeinander einstellen. Euer Kind fordert euch heraus, Geduld und Hoffnung zu lernen. So lernt ihr euch auch selbst besser kennen. Das Kind deckt euch auf, wenn ihr gerade nicht bei euch seid. Und es lädt euch ein, ganz gegenwärtig zu sein.

Selbst wieder
Kind werden

Wenn ihr euer Kind betrachtet, werdet ihr euch selbst wie in einem Spiegel erkennen.

Ihr seid auch einmal so ein kleines Kind gewesen. Ihr seid auf die Liebe eurer Mutter und eures Vaters angewiesen. Ihr könnt euch vielleicht an diese Zeit nicht mehr erinnern. Aber euer Kind bringt euch in Berührung mit eurem eigenen Ursprung. Ihr seid auch einmal wie dieses Kind ein unbeschriebenes Blatt gewesen. Lasst euch von eurem Kind dazu einladen, das eigene Leben dankbar zu betrachten. Was ist jetzt aus euch geworden? Und wem verdankt ihr, was und wer ihr geworden seid?

Kommt mit eurem eigenen inneren Kind in Berührung. In euch ist auch etwas von der Ursprünglichkeit, die ihr in eurem Kind wahrnehmt. Euer Kind lädt euch ein, wieder selbst zum Kind zu werden und kindlich umzugehen mit eurem inneren Kind.

Einmalig
und einzigartig

Euer Kind ist nicht festgelegt. Es wird nicht einfach ein Programm erfüllen, das in einem großen Computer gespeichert ist. Es wird sein eigenes Leben leben.

Die „Festplatte" seines „Computers" ist noch leer. Sie wird jetzt durch jede Begegnung mit euch ein wenig beschrieben. Meditiert über euer Kind: Was wünscht ihr ihm? Wie soll der Lebensweg einmal aussehen?

Was möchtet ihr von eurem Kind auf seine „Festplatte"
schreiben lassen? Und: Welche Zukunft traut Gott
eurem Kind zu? Traut eurem Kind zu, dass es das
einmalige Kind wird, als das Gott es in euch und durch
euch gebildet hat.

Es geht nicht darum, dass ihr dem Kind eure Erwar-
tungen überstülpt. Ihr sollt die Einmaligkeit eures
Kindes betrachten. Es ist nicht nur euer Kind, sondern
auch ein Geschenk von Gott. Es gehört nicht allein
euch. Es gehört Gott und es gehört sich selbst. Es will
seinen eigenen Weg gehen und sein eigenes Leben
leben.

Mutter sein

Mit deinem Kind wirst du dich selbst neu kennenlernen.

Als Mutter wirst du neue Seiten in dir entdecken.

Du spürst, wie schön es ist, Mutter zu sein. Die Mutter nährt das Kind. Sie gibt ihm Geborgenheit, sie vermittelt ihm, dass es auf Erden willkommen ist. Sie schenkt ihm Urvertrauen. Eine Mutter bewertet auch nicht. Sie urteilt nicht über das Kind, sie nimmt es einfach an, wie es ist.

Wenn du nun selbst Mutter bist, kannst du deine eigene Mutter besser verstehen. Du wirst würdigen, was sie für dich getan hat. Das Mütterliche ist etwas Wesentliches in der Frau. Entdecke die Mütterlichkeit in dir als eine große Fähigkeit, die Gott dir geschenkt hat.

Du erlebst das Schöne an deinem Muttersein, wenn du dein Kind stillst, es in deinen Armen hältst und ihm Geborgenheit schenkst. Genieße dein Muttersein. Es ist eine wichtige Erfahrung deines Menschseins.

Vater sein

Du bist nun Vater geworden. Auch als Vater wirst du neue Seiten an dir entdecken.

Du bist nicht nur der Angestellte in deiner Firma oder der Jungunternehmer oder der Lehrer. Du bist nun Vater geworden.

Vater sein bedeutet, dem Kind den Rücken zu stärken, damit es sich ins Leben hinaus wagt. Dein Kind braucht

den Vater, der ihm Halt gibt, der ihm Mut schenkt, das Leben selbst in die Hand zu nehmen, etwas zu riskieren, voller Vertrauen auf andere Menschen zuzugehen. Und das Kind braucht den Vater, an den es sich lehnen kann, von dessen Kraft es zehren kann. Der Vater schützt das Kind. Er gibt ihm Sicherheit.

Spüre, wie schön es ist, Vater zu sein. Du hast diese Fähigkeiten in dir. Jetzt, mit deinem Kind, kannst du sie entfalten. Und du wirst erfahren, dass es dir selbst guttut, dein Vatersein bewusst zu leben. Du kannst dich jeden Tag auf dein Kind freuen, darauf, es in deine Arme zu nehmen und mit deinem Lächeln in ihm ein Lächeln hervorzurufen.

In die Welt sehen

Wenn du dein Kind betrachtest, dann meditiere dich in seine Sinne hinein. Du kannst dann deine Hand jeweils auf eines seiner Sinnesorgane legen, dein Kind segnen und ihm gute Wünsche sagen.

Lege deine Hand auf seine Augen und wünsche dem Kind, dass aus seinen Augen immer Güte strahlen möge. Mit den Augen möge dein Kind das Schöne in der Welt sehen

und sich an der Schönheit freuen. Es möge aber auch das Schöne und das Gute in jedem Menschen sehen. Seine Augen mögen nicht bewerten, sondern die Menschen sein lassen, wie sie sind. Wenn die Augen deines Kindes das Schöne im Menschen sehen, dann vermag es die Menschen auch zu lieben. Und es kann sie sein lassen.

Seine Augen mögen immer strahlend sein und den Menschen, die sie anschauen, Lebendigkeit, Güte und Liebe vermitteln. Und seine Augen mögen in allen Menschen letztlich Christus erkennen als ihren wahren Grund und in aller Schöpfung Gott als das Geheimnis allen Seins.

Worte der Liebe
und der Hoffnung

Halte deine Hände zärtlich auf den Mund deines Kindes und überlege, welche Wünsche dir dabei einfallen.

Dein Kind möge Worte sprechen, die die Menschen erfreuen. Es sollen gute Worte sein, die gut vom Menschen sprechen. Und es mögen auch Worte sein, die ein Lächeln hervorrufen, die andere Menschen ermutigen und ihnen Hoffnung schenken.

Sein Mund möge bewahrt bleiben vor verletzenden und bitteren Worten, die die Atmosphäre vergiften. Die Kirchenväter sagen: Mit unseren Worten bauen wir ein Haus, entweder ein kaltes Haus, in dem niemand wohnen möchte, oder ein warmes Haus, in dem sich die Menschen wohlfühlen. Mögen die Worte deines Kindes ein Haus bauen, in dem die Menschen gerne wohnen, weil sie die Liebe in den Worten spüren und die Hoffnung, die davon ausgeht.

Mit den Augen möge dein Kind
das Schöne in der Welt sehen
und sich an der Schönheit freuen.

Hören
und zuhören

Halte deine Hände an die Ohren deines Kindes und sprich alle guten Wünsche aus, die in dir aufsteigen.

Dein Kind möge gut zuhören können. Vielleicht kennst du die Geschichte von Momo von Michael Ende? Momo konnte so gut zuhören, dass ihr Zuhören die Menschen verwandelt hat. Ihr Zuhören hat den Menschen vermittelt, dass sie alles aussprechen dürfen, dass ihre Worte nicht bewertet werden, dass alles, was sie sagen, sein darf.

Vielleicht wirst du deinem Kind aber auch wünschen, dass es keine bösen und verletzenden Worte zu hören bekommt und dass es die Ohren verschließt vor üblem Gerede, das das Miteinander der Menschen nur zerstört.

Seine Ohren mögen auch in verletzenden Worten noch die Sehnsucht nach Liebe heraushören.

Seine Ohren mögen die Zwischentöne hören, die in den Worten der anderen auftönen. Dann wird von ihm Segen ausgehen für die Menschen, denen es vertrauensvoll und aufmerksam zuhört.

Das Leben in die
Hand nehmen

Nimm die kleinen und zarten Hände deines Kindes

in deine Hand. Wünsche deinem Kind, dass es mit

seinen Händen sein Leben selbst in die Hand nimmt

und es gut gestaltet.

Seine Hände mögen anpacken und Gutes tun. Von

diesen Händen möge Segen ausgehen für die Menschen.

Es sollen Hände sein, die zärtlich sein können, die anderen

Menschen Geborgenheit und Halt geben, die andere liebevoll berühren und sie trösten.

Seine Hände mögen aber auch vor Verletzungen bewahrt werden, vor den typischen Handwunden, die wir in den Wunden Jesu erkennen: Es sind die Wunden, festgenagelt zu werden, festgeklammert zu werden, entwertet oder geschlagen zu werden. Oder die Wunde, wenn andere die schützende und bergende Hand wegziehen und das Kind fallen lassen.

Seine Hände mögen immer Schutz vermitteln. Und sie mögen so handeln, dass von ihnen Segen ausgeht für die Menschen. Seine Hände mögen anderen Menschen die Hand reichen, wenn es einmal einen Konflikt gibt. Es sollen versöhnende und Frieden stiftende Hände sein.

Fest stehen und
eigene Wege gehen

Berühre mit deinen Händen die kleinen Füße des Kindes und wünsche deinem Kind, dass es immer gut stehen kann, dass es zu sich selbst stehen, für sich einstehen und etwas durchstehen kann, wenn Schwierigkeiten auf es zu kommen.

Es möge mit seinen Füßen gute Wege gehen, Wege, die in immer größere Lebendigkeit, Freiheit, Frieden und Liebe hineinführen.

Dein Kind möge immer auf gutem Fuß mit anderen stehen. Und es möge kraftvolle Schritte ins Leben tun, es möge auf andere zugehen, wenn sie sich allein fühlen. Dein Kind möge stehen wie ein Baum, tief verwurzelt in der Erde und seine Krone zum Himmel entfalten. Es möge nicht umfallen, wenn jemand es umbiegen möchte. Es möge Stehvermögen zeigen wie ein Baum, der sich im Wind wiegt, ohne seinen Stand zu verlieren.

Wünsche deinem Kind, was der alte Zacharias im Lukas-
evangelium seinem Sohn gewünscht hat: dass Gott seine
Schritte auf den Weg des Friedens lenke (Lukas 1,79).

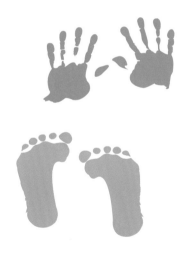

Sprecht Worte zu eurem Kind,
die aus dem Herzen kommen,
die ermutigen und Liebe spenden.

Wünsche für euren
gemeinsamen Weg

Was du deinem Kind wünschst, das wünsche ich auch dir
als Mutter, als Vater.

Eure Augen mögen in eurem Kind immer das Schöne und
Gute sehen. Eure Augen mögen eurem Kind vermitteln:
Du darfst sein. Wir bewerten dich nicht. Wir schauen
auch dann, wenn wir dich nicht verstehen, tiefer in dich
hinein und glauben immer an das Gute.

Sprecht Worte zu eurem Kind, die aus euren Herzen kommen, Worte, die ermutigen und Hoffnung und Liebe spenden. Auch wenn eure Worte dem Kind einmal Grenzen setzen, sollen sie nie verletzen, sondern immer einen Weg zum Leben weisen.

Hört gut zu, was euer Kind euch sagt. Hört auch auf das, was euer Kind nicht ausspricht, was aber in seiner Seele verborgen ist. Eure Hände mögen dem Kind immer Halt und Geborgenheit schenken und es liebevoll streicheln.

Und steht zu eurem Kind, stellt euch immer vor euer Kind, wenn es von außen bedrängt wird. Steht für euer Kind ein, wenn es euren Beistand braucht. Und steht mit eurem Kind schwierige Situationen durch, damit es durch euch auch Stehvermögen lernt.

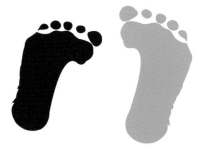

Ihr sollt ein
Segen sein

Euer Kind möge für dich als Mutter oder Vater ein Segen sein. Und ihr sollt für das Kind ein Segen sein.

Segen bedeutet einmal: gute Worte sagen. Sagt eurem Kind gute Worte, die das Gute in ihm hervorlocken. Und Segen bedeutet Fruchtbarkeit und Aufblühen. Wünscht eurem Kind, dass es immer Gottes Segen spürt, dass es unter diesem Segen aufblüht und gut heranwächst.

Segen meint immer: behütet und beschützt zu sein.

Segnet euer Kind, damit Gottes Segen es immer einhüllt

wie ein schützender Mantel. Und schaut euer Kind an mit

Augen, die den Segen erkennen, der euch in eurem Kind

entgegenkommt.

Euer Kind möge Segen sein für euch als Eltern, damit ihr durch das Kind neues Leben, neue Lebendigkeit und neue Liebe in euch entdeckt.

Das Kind möge ein Segen sein für die ganze Familie. Es möge Licht bringen in das Leben der Familie. Und es möge eine Quelle der Freude sein für alle, die diesem Kind begegnen.

Segnet euer Kind,
damit Gottes Segen
es immer einhüllt
wie ein schützender
Mantel.

Segen zum
Wachsen und Werden

Guter Gott, segne dieses Kind,

dass es sich nicht durch Enttäuschungen entmutigen lässt

und nicht resigniert,

wenn etwas nicht nach seinen Vorstellungen geht.

Schenke ihm Kraft, dass es sich dem Leben

mit seinen Herausforderungen stellt

und so innerlich wächst und stärker wird.

Begleite du es mit deinem Segen dorthin,

wohin ich es nicht begleiten kann.

Ich sende ihm meine Liebe und mein Wohlwollen.

Aber ich weiß nicht, ob es meine guten Gedanken

immer spürt.

Ich vertraue deinem Segen,

der es begleitet und seine Wege beschützt,

damit es immer mehr in das Bild hineinwächst,

das du dir von ihm gemacht hast.

Aaronitischer Segen

Der Herr segne dich

und behüte dich.

Der Herr lasse sein Angesicht

über dich leuchten

und sei dir gnädig.

Der Herr wende sein Angesicht dir zu

und schenke dir Heil.

(Numeri 6,24–26)

Bibliographische Information der Deutschen Nationalbibliothek

Die Deutsche Nationalbibliothek verzeichnet diese Publikation in der Deutschen Nationalbibliographie. Detaillierte bibliographische Daten sind im Internet über http://dnb.d-nb.de abrufbar.

1. Auflage 2015

© Vier-Türme GmbH, Verlag, Münsterschwarzach 2015

Alle Rechte vorbehalten

Lektorat: Marlene Fritsch

Covergestaltung und Foto: Andrea Göppel, Augsburg

Innengestaltung: wunderlichundweigand, Stefan Weigand

Druck und Bindung: Pustet, Regensburg

ISBN 978-3-89680-923-0

www.vier-tuerme-verlag.de